まちたんけんの とき 地しんが きたら

- 大人の ちゅういを よく 聞く。
- 学校や 広い 場しょに にげる。
- 海の 近くに いる ときは できるだけ 高い 場しょに にげる。
- ブロックべいから はなれる。
- 切れたり たれ下がったり した 電線に さわらない。

手あらい うがいを する

- 生きものや しょくぶつを さわった 後は 手を あらう。
- 外から 帰ったら 手を あらって うがいを する。

人の じゃまに ならないように する

- 道は よこに 広がって 歩かない。
- 大声を 出さないように 気を つける。
- ふざけながら 歩かない。
- めいわくを かけたら あやまる。

あいさつを きちんと する

- まずは「こんにちは」と あいさつを する。
- 「わたしたちは ○○小学校の ○年生です。生活科の じゅぎょうで まちを たんけんして います」と もくてきを つたえる。
- 「お話を うかがっても いいですか?」と あいての つごうを 聞く。
- さいごは「ありがとうござい ました」と おれいを 言う。

みんなで きょう力を する

- 一人で かってに ほかの 場しょへ 行かない。
- より道を しない。
- こまった ことが あったら 友だちや 大人に 言う。
- グループから はなれて しまった 友だちが いたら 声を かける。

ありがとうございました！

ペコリ

どきどき わくわく まちたんけん

わがしのお店・パンのお店・コンビニエンスストアほか

若手三喜雄／監修

監修のことば

　2年生になると、みなさんは生活科でまちたんけんにでかけますね。この授業のねらいは、大きく5つあります。

- まちのじまんできるところや、すてきな人をたくさん見つけること
- まちにあるしぜんやお店、施設、くらしている人が、
　自分の生活とどう関わっているのか知ること
- まちの人にたくさん話しかけて、人とのつながりを大切にすること
- 道路などのきけんな場しょで、安全な行動がとれるようになること
- まちに住むひとりとして、自分に何ができるか考えること

　「どきどき　わくわく　まちたんけん」のシリーズは全5巻です。
　『公園・はたけ・田んぼ ほか』では、身のまわりの自然がある場所をたんけんします。
　『わがしのお店・パンのお店・コンビニエンスストア ほか』と『花のお店・本のお店・クリーニング店 ほか』では、まちにあるお店に出かけます。
　『図書かん・公みんかん・じどうかん ほか』と『交番・えき・しょうぼうしょ ほか』では、施設に行ってまちを支える仕組みに気づきます。

　ひとりの力で見つけられるものにはかぎりがありますが、友だちと力を合わせれば、たくさんの発見ができます。このシリーズに登場する4人組のたんけんたいが気づいたことや、発表の仕方などを参考にしてみてください。
　まちたんけんの授業が終わったあとも、人とのつながりをずっと大切にしていければ、あなたの住むまちが居心地のよい“心のふるさと”になることでしょう。

若手三喜雄

計画を立てよう！

西田こうた

みんなの おすすめの
ところに 行って
みたい！

まちたんけんカード

たんけんたいの 名前

食べるの大すきお店たんけんたい

たんけん する日　5月　24日　水曜日

しゅっぱつする 時こく 10時 00分　→　帰ってくる 時こく 11時 10分

ぜったいにまもる！

たんけんたいの やくわり

リーダー
（西田 こうた　）

ふくリーダー
（東 かずき　）

時計がかり
（北見 まな　）

カメラがかり
（南 あかり　）

行きたい 場しょ

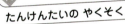

★　わがしの お店

★　せいか店

★　パンの お店

★

↓

もちもの

水とう
かくもの
ぼうはんブザー・やぶえ
時計（まなちゃん）
カメラ（あかりちゃん）

たんけんたいの やくそく

お店のものにさわらない。✕

お店のおきゃくさんや お店の人のじゃまをしない。

こまった ことが あったら 大人に たのんで 学校に 電話しよう。　金星小学校：○○-○○○○-○

まちたんけんカード

たんけんたいの 名前

食べるの大すきお店たんけんたい

たんけん する日　5月　25日　木　曜日

しゅっぱつする 時こく 10時 00分　→　帰ってくる 時こく 11時 10分

ぜったいにまもな！

たんけんたいの やくわり

リーダー
（西田 こうた　）

ふくリーダー
（東 かずき　）

時計がかり
（北見 まな　）

カメラがかり
（南 あかり　）

行きたい 場しょ

★　コンビニエンスストア

★　スーパーマーケット

★

★

↓

もちもの

水とう
かくもの
ぼうはんブザー・やぶえ
時計（まなちゃん）
カメラ（あかりちゃん）

たんけんたいの やくそく

お店のものにさわらない。✕

お店のおきゃくさんやお店の人のじゃまをしない。

こまった ことが あったら 大人に たのんで 学校に 電話しよう。　金星小学校：○○-○○○○-○

南あかり

どこに 行く？

北見まな

お店に おきゃくさんが
いたら どうしたら
いいかしら？

何に 気を
つける？

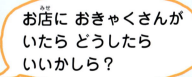
東かずき

できた！ わたしたちの まちたんけんカード。

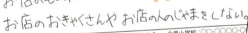

3

もくじ

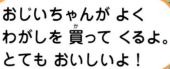
おじいちゃんが よく
わがしを 買って くるよ。
とても おいしいよ！

おつかいに 行った
ことが あるよ。

どうして パンが
ふくらむのか
知りたいわ。

4

そんなに 大きく ないのに しなものが たくさん あったよ。

食べものが 何でも あるんだ。みんなで 見に 行こうよ。

わがしのお店

おだんご
おいしそうだなあ〜。

色や 形も いろいろ
あるんだね。

わがしには いろいろな 色（いろ）や 形（かたち）が ある みたいだ。
ざいりょうも ちがうのかな？

あんこは 何（なに）から つくられて いるのですか？

ほとんどは マメから つくるよ。
おはぎの あんこは アズキと いう マメから できて いるよ。黄（き）みどり色（いろ）の あんこは アオエンドウマメから 白（しろ）い あんこは シロインゲンマメから つくるんだ。ほかにも クリや サツマイモで つくる ことも あるよ。

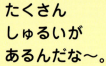
たくさん しゅるいが あるんだな〜。

おすすめの わがしは 何（なん）ですか？

どれも おすすめだけど きせつの わがしは とくに おすすめかな。たとえば おじさんの お店（みせ）では 春（はる）は サクラ つゆの ときは アジサイに にせた わがし。
秋（あき）は カキの 形（かたち）の わがしを つくるよ。

見（み）ためで きせつが かんじられるんだね。

わがしを食べるのはどんなとき❓

ひなまつり

> 草もちや
> さくらもちを
> 食べたよ！

子どもの 日

> かしわもちを
> 食べた！

おひがん

> おはぎを
> 食べたわ。

> 月見だんごを
> おなかいっぱい
> 食べた！

お月見

きせつのわがしいろいろ

下の わがしの きせつは いつ だろう？ 考えて みてね。

9

ようがしもおいしいよ！

おもな ざいりょう

ようがしは フランスや
アメリカなどの 外国から
つたわった おかしだよ。
右のような ざいりょうを
つかって ケーキや
クッキーなどの おかしを
つくるんだ。

さとう

牛にゅう

たまご

バター

小麦こ

きせつ

わがしと 同じように
ようがしも きせつごとに
おすすめが あるよ。

夏に ぴったり！ ひやした スイーツ

わがしでも ひやして
食べる 水ようかんが
あるよね。

わたし ブルーベリー
大すき！ 夏に
ブルーベリーを つみに
行った ことが あるわ。

しゅんの くだものや 野さいの スイーツ

しょく人さん

ようがしを つくる しょく人さんの
ことを パティシエと いうよ。
チョコレートの おかしを つくる
せん門の
ショコラティエと いう
しょく人さんも いるんだ。

パティシエ

う～ん しょう来は
わがししょく人か
パティシエか
それとも…… まようなあ～。

名前の いみ

名前には いみが あるよ。
どんな いみなのか
どうして その 名前が
ついたのか しらべて
みると おもしろいよ。

バウムクーヘン

イタリア語で「わたしを
上に 引っぱって」と いう
いみだよ。元気に なる
スイーツと して
知られて いるんだって。

ドイツ語で 木の おかしと
いう いみって 聞いたよ。
木の 年りん みたいだから
この 名が ついたんだって。

ティラミス

アシタバ 100
カボチャ 280
キウイ 380
メロン 600
スイカ 1200

キュウリ 30
ホウレンソウ 200
アスパラ 90
サンプルーツ 480
モモ 700
ウメ 500
サクランボ 900

フキ 120
タケノコ 680

さくらんぼ さくらんぼ

タクアン
ヌカヅケ

あまい においが するぞ。
くだものの においかな？

あれは ウメだ！
うちの にわにも
ウメが なって いるよ！

聞いて みよう

せいか店には 野さいや くだものが たくさん！ ならべるのも たいへんそうだよ。お店の 人に しごとの ことを 聞いて みよう。

たくさんの 野さいや くだものは どこから はこんで くるのですか？

毎朝 5時に 市場で 買って それを お店に はこんで くるよ。市場には いろいろな 場しょで つくられた 野さいや くだものが あつまって くるんだ。

朝 早いんだな～。何時に おきるんだろう？

きらいな 野さいは ありますか？

あるけど ないしょさ。でも にがてな ものも 食べるように チャレンジして いるよ。しゅんの じきに 食べるんだ。しゅんは 1年の 中で いちばん おいしく 食べられる ときの ことなんだ。ちなみに ピーマンの しゅんは 6月から 9月だよ。

わたしも きらいな ピーマンに チャレンジして みようかな。

この野さいな〜んだ？ クイズ

答えは 19ページ

野さいには サツマイモのように 土の 中に そだつ ものが ほかにも あるよ。下の しゃしんの 野さいを 当てて みてね。

1

あまみが あって 野さいジュースにも なるよ。

しゅるいに よって 色の ちがう 花が さくよ。

3

2

切ると なみだが 出て くる 野さいだよ。いためると あまみが 出るんだ。

ヒントは ぜ〜んぶ カレーライスの ざいりょうとして よく つかわれる 野さいだよ。

15

いちどに
たくさんの
パンが やけるのね。

これは パン？
これから
やくのかな？

17

聞いて みよう

パンの お店には いろいろな 形の
パンが おいて あったよ。
どう やって つくって いるんだろう？

パンは どう やって
つくるのですか？

パンは 小麦こなどの ざいりょうを
よく こねて つくるよ。
そうして できた パンの 生地を
すきな 形に ととのえて やくんだ。

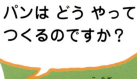

ねん土みたい。
わたしも つくれるかな？

どうして パンは
ふくらむのですか？

イーストと いう パンを ふくらませて くれる
きんを 少し まぜるからだよ。小麦こや ほかの
ざいりょうと いっしょに まぜるんだ。

少し まぜるだけで
パンが ふくらむんだ。
イーストって すごい！

パンのどうぐ

パンを つくるには いろいろな 道ぐを つかうよ。
どんな ものが あるかな？

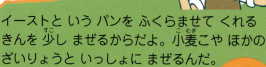

めんぼう　ころころ

生地が
のびた！

スケッパー　とんとん

生地を 分けられるね。

パンの かた　まきまき

チョコロコネの
形が できた！

パンはいつ食べる？

朝

食パンに バターを ぬって 食べるのが すき！

ピクニックに 行く とき お母さんが サンドイッチを つくって くれたわ。

昼

ぼくは 朝は ごはんだよ。

いいなあ。きゅう食にも パンが 出る 日が あるよね。

夜

おやつ

あんパンを 食べたよ！

お母さんの たん生日に お父さんと ハンバーグを つくったの。その とき お母さんの 大すきな パンも 出したんだ。

わたしは クリームパン！

ぼくも 大すき！パンって よう食に とっても 合うよね。

コンビニエンス ストア

本や 新聞が
あるわ。

はブラシや
パンツも
おいて あるよ。

パンも 売って
いるね。

のみものも
いっぱい！

いつも あいて いて とても べんりな コンビニエンスストア。
店いんさんの ことや
しなものの ことを 聞いて みよう。

お休みは ありますか？

おつかれさま

うちの お店は 24時間 休みなく あいて いるよ。
時間で 交たいしながら しごとを
して いるの。

お店の 人にも ちゃんと 休みが あるんだね。

おきゃくさんが いない ときは 何を して いるのですか？

少なく なった しなものを 入れたり
そうじを したり するの。
やる ことが たくさん あるのよ。

だから いつも しなものが いっぱいなのね。

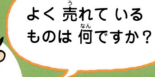

よく 売れて いる ものは 何ですか？

お茶や コーヒーなどの のみものや
おにぎりや パンなど かんたんに
食べられる ものが 人気だよ。

お母さんは スーパー
マーケットで 買いわすれた
牛にゅうを よく 買うよ。

コンビニエンスストアの ひみつ

たくさんの しなものが ぎっしり
ならんで いる コンビニエンスストア。
おもしろい ひみつも あったよ。

れいぞうこ

売り場の れいぞうこの
うらがわは とびらに
なって いる。
とびらを あけて 後ろから
のみものを 入れると 売り場に
きれいに ならぶ しくみ。

お店の うらがわに
大きな れいぞうこが
あったわ。

ぼく のみものの たなを
見て いた ときに 中から
しなものを 入れて いる
お店の 人と 目が 合ったよ。

お店や 行く 日に よって
しなものが ちがうんだよ。
おきゃくさんが ひつようと して いる
ものや よく 買って くれる
ものを おくんだって。

しなもの

雨の 日は 手に とりやすい
場しょに かさを 出す。

さむい 冬に 行った とき
あたたかい のみものや
カイロが おいて あった！

23

レジの 人 えがおで おきゃくさんと 話して いるね。

魚を 切って いる。 おさしみに するのかな？

おべんとうを つくって いるわ。

 聞いて みよう

 野さいや くだもの 肉や 魚などの しなものが たくさん あったよ。お店の 人も いろいろな しごとを して いたんだ。

 しなものは ぜんぶ 売れますか？

売れないで のこって しまう ものも あるよ。
だから おきゃくさんに 買って もらえるように おすすめの ものは 目に 入りやすい 場しょに おいたり ねだんを やすく したり くふうして いるんだよ。

やすく なった しなものを お母さんが 買って くるよ。
「買いもの上手でしょ」って 言うんだ。

 レジで 気を つけて いる ことは ありますか？

 しなものを かごに 入れる とき おもいものを 下に おくように して いるよ。イチゴの 上に おもい びんを おいたら つぶれちゃうからね。

 入れ方も 考えるなんて すごいや。

お母さんが よく 買って いるのは どんな もの？
どう やったら ほしい しなものを 見つけられるのかな？ 考えて みよう。

 もっと知りたい

チャレンジ 朝ごはんの 買いものをしよう！

朝ごはんは 何に する？

家の 朝ごはんは どんな ものを 食べて いるかな。パン？ ごはん？ 魚？ ソーセージ？ こんだてを 考えて みよう。

ひつような ものは 何かな？

パンと 牛にゅう！

とうふと わかめ！ あれ？ わかめは まだ あったかな？

たまごと ソーセージ！

魚！

しなものを よく 見よう

同じ パンでも いろいろな しゅるいが あるよ。とうふにも やわらかい きぬごしどうふと 少し かための もめんどうふなどが あるんだ。ねだんも ちがうよね。 しなものを よく 見てから かごに 入れよう！

お金を はらう

レジに ならぶよ。 もって きた お金で 足りるかな？ 先に たしかめて みよう。 レジで お金を はらったら おつりと レシートを もらうよ。

ふくろに 入れる

入れる じゅん番を 考えながら 入れよう。

パンは ふわふわ だから いちばん 上かな？

スーパーマーケットの ふくろが ひつような 人は レジの 人に つたえるよ。自分の 買いものぶくろが ある 人は それを つかおう。また スーパーマーケットには リサイクルボックスと いって ペットボトルなどの しげんごみを あつめる はこが あるよ。あつめられた しげんごみは ものを つくる ざいりょうに 生まれかわるんだ。

まちの お店クイズ

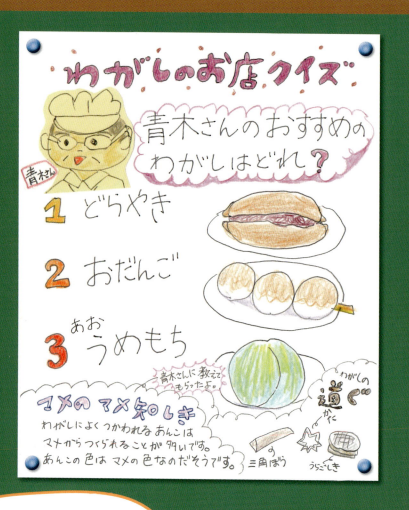

わがしの お店の 青木さんが
つくる わがしは とても
おいしいと ひょうばんです。
その 中でも 今 いちばんの
おすすめは 3つの うちの
どれでしょう。

答えは あおうめもちです。
ウメは 今の きせつに とれるので
きせつの あじを 楽しんで
ほしいそうです。

せいか店の 八野さんは
とても 早おきです。お店で
売る 野さいや くだものを
市場に 買いに 行くためです。
八野さんが おきる 時間は
何時でしょう?

28

クイズ

野さんの朝
きる 時間は？

寺 3 5時

5:00

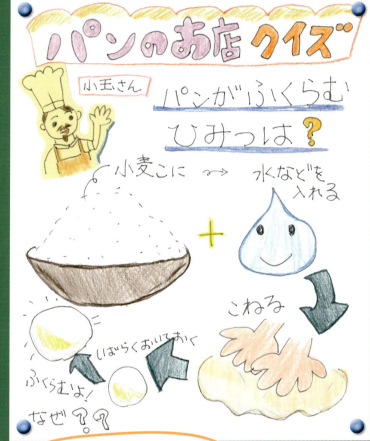

パンのお店 クイズ

小玉さん

パンが ふくらむ
ひみつは？

小麦こに → 水などを
入れる

＋

こねる

しばらくおいておく

ふくらむよ！

なぜ？？

5月31日(水) 道西田こうた

パンは 小麦こから できて います。
水などを 入れて よく こねて
つくりますが これだけでは パンは
ふくらみません。パンが
ふくらむ ひみつは 何だと
思いますか？

答えは 1番の 3時です。
とても 早おきですよね。
お店に よって 4時や 5時の
人も いるそうです。
でも ぼくは 4時や 5時でも
早いなと 思います。

答えは きんです。イーストと いう
きんを 少し まぜて しばらく おいて
おくと 生地が ふっくらと ふくらみます。
ふくらんだら 形を ととのえて
オーブンで やけば パンの できあがりです！
小玉さんに 教えて もらいました。

何だろう？

教えて。教えて。

たまごじゃ
ないかな？

29

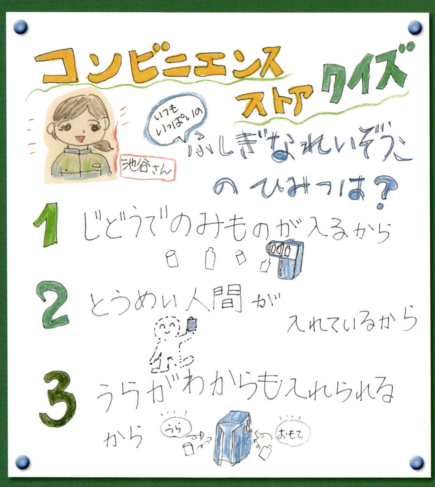

コンビニエンスストアの れいぞうこは
いつも のみものが いっぱい 入って
います。れいぞうこに のみものを
入れて いる ところを 見ないのにです。
それは なぜでしょう。

答えは 3番です。のみものの
れいぞうこは うらがわからも
あけられるように なって いるんです。
池谷さんが 入れる ところを 見せて
くれました。

スーパーマーケットには しげんごみを
あつめる リサイクルボックスが ある
ことを 風見さんが 教えて くれました。
しげんごみは 新しい 何かに
生まれかわる ものの ことです。
上の 中で ようふくに 生まれかわる
ものは 何でしょう。

答えは ペットボトルです。
みなさんも 家で しげんごみの
分べつを して みてください。

31

監修／若手三喜雄

共栄大学教育学部教育学科教授
埼玉県生まれ。
川越市内の公立小学校から埼玉大学教育学部附属小学校、
所沢市教育委員会、川越市教育委員会、埼玉県教育委員会、
埼玉県川越市立仙波小学校校長等を経て現職。生活科の
創設当初から様々な実践研究を行い、文部科学省関連の
調査研究多数。『生活科の授業方法』（ぎょうせい）『学習
のしつけ・生活のしつけ』（教育開発研究所）『新任教師
のしごと 生活科 授業の基礎基本』（小学館）など著書多数。

写真協力
杵屋本店
cuoca（クオカ）

協力
株式会社いなげや

STAFF
イラスト●小野正統／たはらともみ
デザイン・DTP●田中小百合（osuzudesign）
校　　正●鈴木喜志子
編　　集●株式会社アルバ

参考文献
『あしたへ ジャンプ 新編 新しい生活-下』（東京書籍）

どきどき わくわく まちたんけん
わがしのお店・パンのお店・コンビニエンスストア ほか

初版発行／2017年3月

監修／若手三喜雄

発行所／株式会社金の星社
　　　　〒111-0056　東京都台東区小島1-4-3
　　　　TEL 03-3861-1861（代表）
　　　　FAX 03-3861-1507
　　　　ホームページ http://www.kinnohoshi.co.jp
　　　　振替 00100-0-64678
印刷／広研印刷株式会社　製本／東京美術紙工

どきどき わくわく まちたんけん

シリーズ全5巻　小学校低学年向き
A4変型判　32ページ　図書館用堅牢製本　NDC376

おどろきいっぱいの まちに たんけんに 出かけよう！
この シリーズでは 4人組の たんけんたいが
みの まわりの しぜんが ある 場しょや お店や
しせつに 出かけて たくさんの はっけんを します。
あなたの すんで いる まちと くらべながら
いっしょに さがして みてください。

公園・はたけ・田んぼほか

公園　はたけ　田んぼ
かせんしき　じんじゃ

わがしのお店・パンのお店・コンビニエンスストアほか

わがしのお店　せいか店
パンのお店　コンビニエンスストア
スーパーマーケット

花のお店・本のお店・クリーニング店ほか

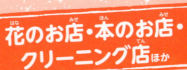

りはつ店　花のお店
本のお店　やっきょく
クリーニング店

図書かん・公みんかん・じどうかんほか

ようち園・ほいくしょ
じどうかん　公みんかん
ゆうびんきょく　図書かん

交番・えき・しょうぼうしょほか

やくしょ　交番
えき　ろう人ホーム
しょうぼうしょ